När Jag Är Dyster
When I Am Gloomy

Sam Sagolski
Illustrerad av Daria Smyslova

www.kidkiddos.com
Copyright ©2025 by KidKiddos Books Ltd.
support@kidkiddos.com

All rights reserved. No part of this book may be reproduced in any form or by any electronic or mechanical means, including information storage and retrieval systems, without written permission from the publisher, except in the case of a reviewer, who may quote brief passages embodied in critical articles or in a review.
First edition, 2025

Translated from English by Simona Stojkovski
Översatt från engelska av Simona Stojkovski

Library and Archives Canada Cataloguing in Publication
When I Am Gloomy (Swedish English Bilingual edition)/Shelley Admont
ISBN: 978-1-0497-0191-2 paperback
ISBN: 978-1-0497-0192-9 hardcover
ISBN: 978-1-0497-0193-6 eBook

Please note that the Swedish and English versions of the story have been written to be as close as possible. However, in some cases they differ in order to accommodate nuances and fluidity of each language.

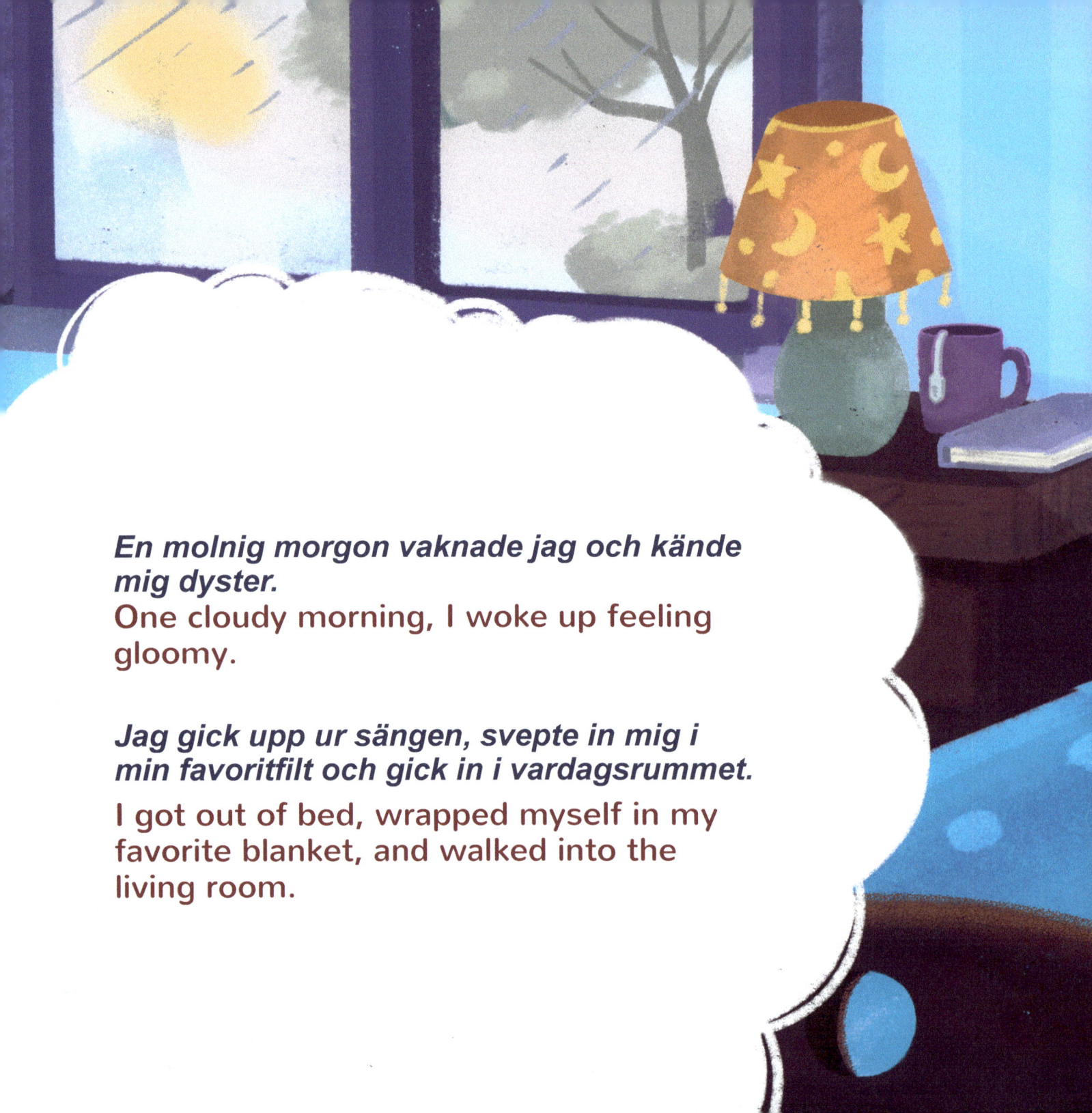

En molnig morgon vaknade jag och kände mig dyster.
One cloudy morning, I woke up feeling gloomy.

Jag gick upp ur sängen, svepte in mig i min favoritfilt och gick in i vardagsrummet.
I got out of bed, wrapped myself in my favorite blanket, and walked into the living room.

"Mamma!" ropade jag. "Jag är på dåligt humör."
"Mommy!" I called. "I'm in a bad mood."

Mamma tittade upp från sin bok. "Dåligt? Varför säger du så, älskling?" frågade hon.
Mom looked up from her book. "Bad? Why do you say that, darling?" she asked.

"Titta på mitt ansikte!" sa jag och pekade på mina rynkade ögonbryn. Mamma log milt.
"Look at my face!" I said, pointing to my furrowed brows. Mom smiled gently.

"Jag har inte ett glatt ansikte idag", mumlade jag. "Älskar du mig fortfarande när jag är dyster?"
"I don't have a happy face today," I mumbled. "Do you still love me when I'm gloomy?

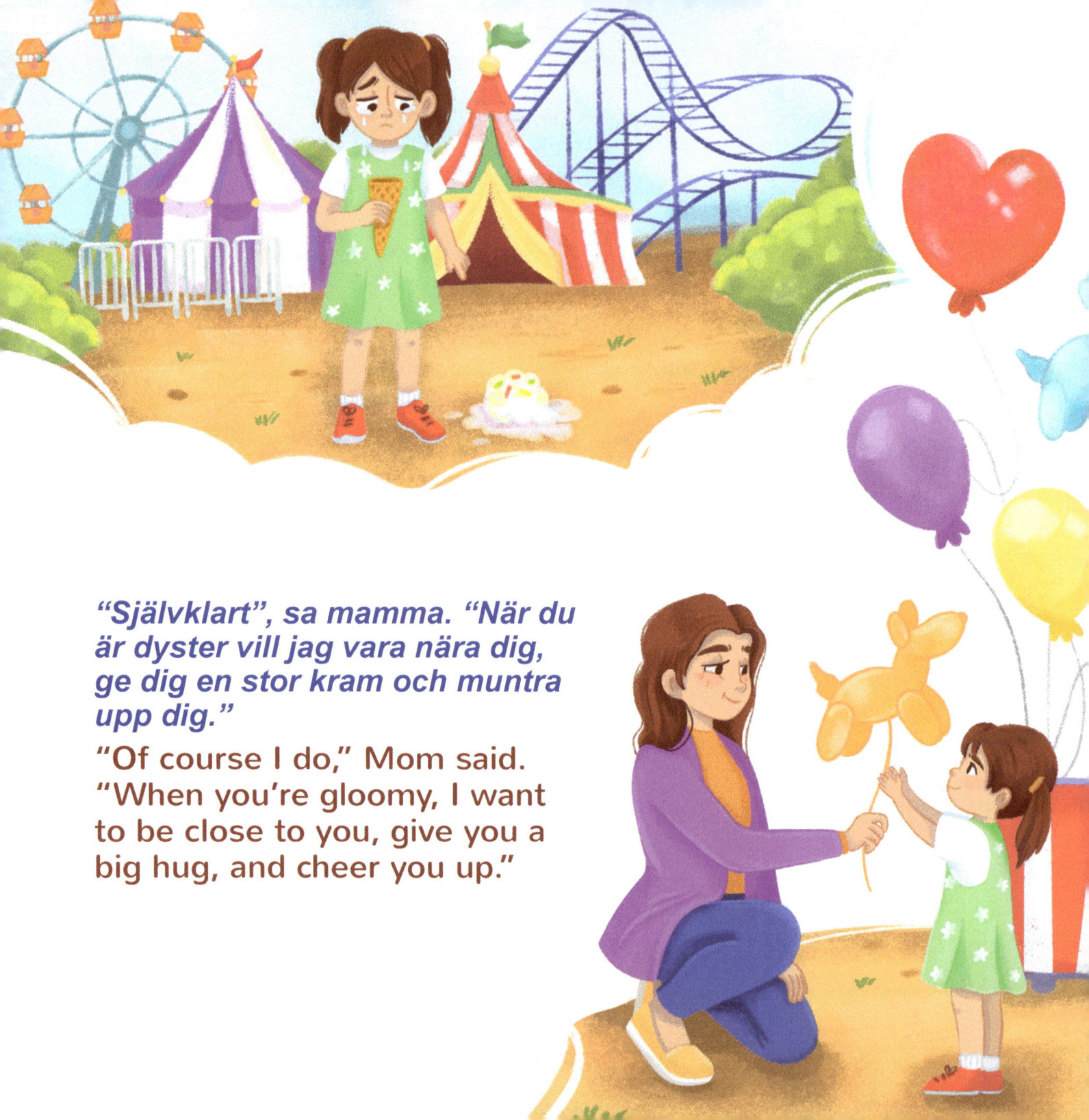

"Självklart", sa mamma. "När du är dyster vill jag vara nära dig, ge dig en stor kram och muntra upp dig."

"Of course I do," Mom said. "When you're gloomy, I want to be close to you, give you a big hug, and cheer you up."

Det fick mig att må lite bättre, men bara för ett ögonblick, för då började jag tänka på alla mina andra humör.

That made me feel a little better, but only for a second, because then I started thinking about all my other moods.

"Så... älskar du mig fortfarande när jag är arg?"
"So... do you still love me when I'm angry?"

Mamma log igen. "Självklart!"
Mom smiled again. "Of course I do!"

"Är du säker?" frågade jag och korsade armarna.
"Are you sure?" I asked, crossing my arms.

"*Även när du är arg, är jag fortfarande din mamma. Och jag älskar dig lika mycket.*"

"Even when you're mad, I'm still your mom. And I love you just the same."

Jag tog ett djupt andetag. "Vad händer när jag är blyg?" viskade jag.

I took a big breath. "What about when I'm shy?" I whispered.

"Jag älskar dig när du är blyg också", sa hon. "Kommer du ihåg när du gömde dig bakom mig och inte ville prata med den nya grannen?"

"I love you when you're shy too," she said. "Remember when you hid behind me and didn't want to talk to the new neighbor?"

Jag nickade. Jag mindes det väl.

I nodded. I remembered it well.

"Och sedan sa du hej och fick en ny vän. Jag var så stolt över dig."

"And then you said hello and made a new friend. I was so proud of you."

"Älskar du mig fortfarande när jag ställer för många frågor?" fortsatte jag.

"Do you still love me when I ask too many questions?" I continued.

"När du ställer många frågor, som nu, får jag se dig lära dig nya saker som gör dig smartare och starkare varje dag", svarade mamma. "Och ja, jag älskar dig fortfarande."

"When you ask a lot of questions, like now, I get to watch you learn new things that make you smarter and stronger every day," Mom answered. "And yes, I still love you."

"Tänk om jag inte alls känner för att prata?" fortsatte jag fråga.

"What if I don't feel like talking at all?" I continued asking.

"Kom hit", sa hon. Jag klättrade upp i hennes knä och vilade huvudet mot hennes axel.

"Come here," she said. I climbed into her lap and rested my head on her shoulder.

"När man inte känner för att prata och bara vill vara tyst börjar man använda fantasin. Jag älskar att se vad du skapar", svarade mamma.

"When you don't feel like talking and just want to be quiet, you start using your imagination. I love seeing what you create," Mom answered.

Sedan viskade hon i mitt öra: "Jag älskar dig när du är tyst också."

Then she whispered in my ear, "I love you when you're quiet too."

"Men älskar du mig fortfarande när jag är rädd?" *frågade jag.*
"But do you still love me when I'm afraid?" I asked.

"Alltid", sa mamma. "När du är rädd hjälper jag dig att kontrollera att det inte finns några monster under sängen eller i garderoben."
"Always," said Mom. "When you're scared, I help you check that there are no monsters under the bed or in the closet."

Hon kysste mig på pannan. "Du är så modig, min älskling."

She kissed me on the forehead. "You are so brave, my sweetheart."

"Och när du är trött", tillade hon mjukt, "täcker jag över dig med din filt, ger dig din nallebjörn och sjunger vår speciella sång."

"And when you're tired," she added softly, "I cover you with your blanket, bring you your teddy bear, and sing you our special song."

"Tänk om jag har för mycket energi?" frågade jag och hoppade upp.

"What if I have too much energy?" I asked, jumping to my feet.

Hon skrattade. "När du är full av energi cyklar vi, hoppar hopprep eller springer runt utomhus tillsammans. Jag älskar att göra alla dessa saker med dig!"

She laughed. "When you're full of energy, we go biking, skip rope, or run around outside together. I love doing all those things with you!"

"Men, älskar du mig när jag inte vill äta broccoli?" Jag sträckte ut tungan.

"But do you love me when I don't want to eat broccoli?" I stuck out my tongue.

Mamma fnissade. "Som den gången du gav Max din broccoli? Han gillade den mycket."

Mom chuckled. "Like that time you slipped your broccoli to Max? He liked it a lot."

"Såg du det?" frågade jag.
"You saw that?" I asked.

"Självklart gjorde jag det. Och jag älskar dig fortfarande, även då."
"Of course I did. And I still love you, even then."

Jag tänkte efter en stund och ställde sedan en sista fråga:
I thought for a moment, then asked one last question:

"Mamma, om du älskar mig när jag är dyster eller arg ... älskar du mig fortfarande när jag är glad?"
"Mommy, if you love me when I'm gloomy or mad... do you still love me when I'm happy?"

"Åh, älskling", sa hon och kramade mig igen, "när du är glad, är jag också glad."
"Oh, sweetheart," she said, hugging me again, "when you're happy, I'm happy too."

Hon kysste mig på pannan och tillade: "Jag älskar dig när du är glad lika mycket som jag älskar dig när du är ledsen, arg, blyg eller trött."
She kissed me on the forehead and added, "I love you when you're happy just as much as I love you when you're sad, or mad, or shy, or tired."

Jag myste tätt intill henne och log. "Så… du älskar mig hela tiden?" frågade jag.

I snuggled close and smiled. "So… you love me all the time?" I asked.

"Hela tiden", sa hon. "Vid varje humör, varje dag, jag älskar dig alltid."

"All the time," she said. "Every mood, every day, I love you always."

Medan hon pratade började jag känna något varmt i hjärtat.

As she spoke, I started feeling something warm in my heart.

Jag tittade ut och såg molnen sväva bort. Himlen blev blå och solen kom fram.

I looked outside and saw the clouds floating away. The sky was turning blue, and the sun came out.

Det såg ut som att det skulle bli en vacker dag trots allt.

It looked like it was going to be a beautiful day after all.

www.ingramcontent.com/pod-product-compliance
Lightning Source LLC
LaVergne TN
LVHW072112060526
838200LV00061B/4872